Miriam Lill

Vegan ohne Salat

Rezepte. Kochen. Backen. Produkte.

BUCH- UND KUNSTVERLAG
OBERPFALZ

Bibliografische Information der Deutschen Nationalbibliothek

Die Deutsche Nationalbibliothek verzeichnet diese Publikation
in der Deutschen Nationalbibliographie; detaillierte bibliografische
Daten sind im Internet unter http://dnb.dnb.de abrufbar.

© 2016, Buch- und Kunstverlag Oberpfalz, in der Battenberg Gietl Verlag GmbH, Regenstauf

1. Auflage 2016

Titellayout: Judith Ekstrum

ISBN: 978-3-95587-038-6

Kochen

Aufstriche

Backen

Produkte ab S. 81

Bei allen genannten Produkten handelt es sich um persönliche Empfehlungen
der Autorin <u>ohne</u> Gegenleistung der Unternehmen!

Gebratene Nudeln mit buntem Garten-Gemüse

- 100 g Bio-**Champignons,** 2 **Karotten,** 1 große rote **Spitzpaprika**, ½ **Zucchini**, 1 **Zwiebel**, 1 kleine **Fenchelknolle**, 2 **Knoblauchzehen** klein schneiden.

- Zuerst die Paprika, Zucchini und Karotten in etwas **Olivenöl** anbraten, anschließend den Fenchel, die Champignons und Zwiebel und zum Schluss den Knoblauch zugeben und mitbraten.

- In der Zwischenzeit 300 g **Spaghetti** in 3 Teile brechen und nach Packungsanweisung kochen, dann abgießen.

- Das Gemüse ordentlich mit **Salz**, **Pfeffer**, **Curry**, etwas **Chili**, **Ingwer**, **Paprikapulver**, **Sojasoße**, **Zucker** und einem Spritzer **Zitronensaft** würzen.

- Dann die Nudeln zusammen mit etwas **Olivenöl** daruntermischen und kurz mitbraten.

- Frisches **Basilikum** dazugeben.

Zucchini-Kartoffel-Fladen

- 1 **Zucchini** grob raspeln, **salzen**, aus der
  Masse das Wasser herausdrücken und abgießen.

- 2 **Kartoffeln** in Salzwasser 10 Min. kochen, abgießen.
  Etwas abkühlen lassen, schälen, zu der Zucchini raspeln, zusammen
  mit 2 EL **Speisestärke**, 2 EL **Mehl**, reichlich **Dill**-Blättern (frisch oder
  tiefgefroren), etwas **Petersilie** und **Pfeffer** mischen.

- Zu Fladen formen, flachdrücken und in einer gut beschichteten Pfanne
  mit heißem **Rapsöl** scharf anbraten, etwas braun werden lassen.

- **Aioli:** 50 ml lauwarmen **Sojadrink natur** mit 1 **Knoblauchzehe**
  in ein schmales Gefäß geben und cremig pürieren, dabei 120 ml
  Rapsöl in dünnem Strahl einlaufen lassen, **salzen**,
  1 Spritzer **Zitronensaft**, etwas **Schnittlauch** und
  Petersilie untermischen.

  Alternativ: *Vegafit / Vegan leben wie Aioli*
  (🛒 *allyouneedfresh.de*)

Edles Paprika-Risotto
an Minze, Zitrone und Orange

1 Portion

- 1 große rote **Spitzpaprika** in Stücke schneiden, in **Olivenöl** kurz anschwitzen, 300 ml **Wasser** und ½ TL **Gemüsebrühe-Pulver** dazugeben und 30 Min. köcheln lassen, dann fein pürieren.

- 1 weitere große **Spitzpaprika** sowie 2 **Schalotten** fein würfeln, in **Olivenöl** anschwitzen.

- 150 g **Risotto-Reis** dazugeben, glasig werden lassen, dann mit dem pürierten Paprika-Fond aufgießen und ca. 20 Min. zugedeckt köcheln lassen.

- Mit **Salz** und **Pfeffer** würzen, je ½ TL abgeriebene **Zitronen-** und **Orangenschale**, einen Hauch **Chili** sowie ein wenig **Pfefferminze** und **Petersilie** dazugeben.

Tipp: Auch lecker: Die Hälfte des Reises durch Buchweizen ersetzen.

Bunte Bratkartoffeln

1 Portion

- 3 rohe **Kartoffeln** schälen und in ca. 1 cm große Stücke schneiden. In Salzwasser 5 Min. kochen, herausnehmen und abkühlen lassen.

- 1 große **Spitzpaprika** in Streifen schneiden.

- 10 kleine (z.B. tiefgekühlte) **Rosenkohl**-Röschen halbieren.

- ½ Stange **Lauch** in Ringe schneiden.

- **Olivenöl** in einer großen Pfanne erhitzen, abgekühlte Kartoffelwürfel ca. 10 Min. unter Wenden goldbraun braten.

- Paprika, Rosenkohl und etwas später den Lauch dazugeben, unter Wenden ca. 10 Min. weiterbraten, ggf. zwischendurch Olivenöl dazugeben.

- Mit **Salz** und **Pfeffer** würzen.

Dazu getoastetes (Vollkorn-) Brot.

Aglio e Olio
mit „Biss"

- 1 kleine **Karotte** in Scheiben schneiden, in reichlich **Olivenöl** in einer kleinen Pfanne anbraten.

- 2 **Knoblauchzehen** klein würfeln, dazugeben, nur kurz mitbraten.

- ¼ **Chilischote** (je nach Schärfe evtl. weniger!) klein hacken, dazugeben. Nur kurz mitbraten.

- 1 Portion **Nudeln** nach Packungsanweisung kochen.

- 3 EL **Wasser** aus dem Nudeltopf in die Pfanne geben. Optional 1 EL **Aglio e Olio Würzmischung** (🛒 *Feinkostladen,* besteht aus getrocknetem Knoblauch, Petersilie, Chili, Salz) untermischen.

- Noch einige Minuten köcheln lassen, bis das Wasser weitgehend verdampft ist.

- Nudeln und 1 EL **Olivenöl** untermischen.

- **Salz**, **Petersilie** und **Basilikum** hinzugeben.

Geht natürlich mit allen Nudelsorten, die „mehligen" vom Foto gibt es z.B. bei alles-vegetarisch.de

Alb-Natur®
Bio-Pasta
Pâtes blanches bio

Fagiolini
Pasta
Pâtes blanches
500g

 **Spargel**

- 400 g **Spargel** schälen, in mit 1 Prise **Zucker** und ½ TL **Gemüsebrühe-Pulver** gewürztem **Wasser** 20 Min. kochen.

- 4 **Kartoffeln** in Salzwasser 20 Min. kochen.

- 1 kleine **Zwiebel** schälen, halbieren, mit 1 **Nelke** spicken und zusammen mit 1 **Lorbeerblatt** in 250 ml **Sojadrink natur** 20 Min. köcheln lassen.

- 15 g vegane **Margarine** *(Alsan)* zerlassen, 15 g **Mehl** unterrühren und ganz leicht braun werden lassen. Nach und nach den Sojadrink unterrühren, 10 Min. köcheln lassen.

- Mit **Salz**, **Pfeffer** und 1 Prise **Muskatnuss** würzen.

Tipp: Bleibt etwas übrig, zum Aufwärmen Spargel und Kartoffeln in einer Pfanne mit Semmelbröseln anbraten.

Gebratene Nudeln asiatisch

3 Portionen

- 5 g getrocknete **Mu-Err-Pilze** (auch Judasohr / Black Funghus genannt) (🛒 *Super-/Asiamarkt*) in kaltem Wasser 1 Std. einweichen, anschließend 15 Min. in wenig Wasser kochen. Abgießen und klein schneiden. (Alternativ getrocknete Steinpilze, nur kurz einweichen).

- 250 g **Spaghetti** nach Packungsanweisung bissfest kochen.

- 1 sehr kleinen (oder ¼ großen) **Spitzkohl** (🛒 *Super-/Wochenmarkt*) vierteln, Strunk entfernen und in Streifen schneiden, 4 **Karotten** und 1 Stange **Lauch** klein schneiden.
- Pilze und Karotten in heißem **Öl** ca. 4 Min. anbraten, dann Kohl, Lauch und 70 g abgetropfte **Dosen-Erbsen** dazugeben und ca. 10 Min. mitbraten.
- Mit 1 Spritzer **Sojasauce**, 1 Spritzer **Zitronensaft**, **Salz**, **Pfeffer**, **Curry**, **Zucker**, **Ingwerpulver, Paprikapulver** und **Chili** würzen.

- Die abgetropften Nudeln dazugeben und kurz mitbraten.

- Wer mag, kann noch 2 EL **Mandelmus** dazugeben.

Türkischer Gemüseeintopf

- 3 rohe **Kartoffeln** schälen, in ca. 1 cm große Würfel schneiden, in einem großen Topf in **Olivenöl** ca. 5 Min. anbraten, dabei gut rühren und immer wieder den Belag vom Topfboden kratzen.

- ¼ **Zucchini**, 1 **Karotte**, 1 **große Spitzpaprika** und 1 **Zwiebel** klein schneiden, dazugeben, ca. 10 Min. braten, immer wieder Öl dazugeben und fleißig weiterkratzen.
  Dann 1 **Knoblauchzehe** würfeln, 1 Min. mitbraten.

- So viel **Wasser** dazugeben, dass das ganze Gemüse bedeckt ist.
  ½ TL **Gemüsebrühe-Pulver** unterrühren.
  Unter gelegentlichem Rühren / Kratzen so lange köcheln lassen
  (ca. 15 Min.), bis eine sämige Konsistenz erreicht ist
  (ggf. mit Speisestärke nachhelfen).

- Jetzt mit allem würzen, was der Gewürzschrank und der Kräutergarten hergibt:
  Salz, Pfeffer, Zucker, Kümmel, Kreuzkümmel, Curry, Paprikapulver, Ingwer, Koriander, Chili, Petersilie, Schnittlauch, Oregano, Rosmarin, Basilikum...

Spaghetti „Bolognese"

Übrigens: Auch viele fertige Tomaten-Pastasoßen sind vegan!

- **Spaghetti** nach Packungsanweisung zubereiten.

- 1 **Zwiebel**, 1 **Karotte**, ⅛ **Sellerieknolle** in kleine Würfel schneiden, in einem Topf mit **Olivenöl** anbraten.

- 1 **Koblauchzehe** und 1 Stück **getrocknete Tomate** würfeln, kurz mit anbraten.

- 50 g **rote Linsen** (🛒 *Bioladen*) dazugeben, kurz anschwitzen.

- 50 ml **Rotwein**, 50 ml **Wasser**, ½ TL **Gemüsebrühe-Pulver**, 2 Döschen (140 g) **Tomatenmark** und 220 g **passierte Tomaten** dazugeben, 20 Min. köcheln lassen.

- Mit **Italienischer Kräuter-Gewürzmischung**, **Salz**, **Pfeffer** und frischem **Basilikum** würzen.

Schnelle Bolognese:

1 gewürfelte **Zwiebel** in **Olivenöl** anbraten, **Tofu-Bolognese** (🛒 *Kühlregal Netto Marken-Discount, ALDI Süd...*), 1 Döschen **Tomatenmark**, 3 EL **Wasser**, ½ TL **Gemüsebrühe-Pulver** und 2 EL **italienische Kräuter** unterrühren.

Dotsch

- ½ **Pastinake**, 1 **Zwiebel** und 1 **Knoblauchzehe** würfeln, in einer Pfanne in **Rapsöl** leicht anbraten, abkühlen lassen.

- ½ Packung **Knödelteig** *(Kühlregal)* damit vermengen.

- Zu flachen Puffern formen, in heißem **Rapsöl** von beiden Seiten anbraten.

- Dazu passt **Apfelmus** oder die Pilzsoße von S. 26.

Panierte Zwiebelringe & Frühlingsrollen mit Pommes

Sorry, aber Selbermachen dauert viel zu lange, daher am besten am Tiefkühlregal bedienen:

- **Pommes** und ggf. panierte **Kringel-Pommes** (*z.B. von ALDI Süd*)

- **Frühlingsrollen** (*z.B. Netto Marken-Discount Mini-Frühlingsrollen mit Gemüse, ACHTUNG: die „großen" sind mit Ei! Oder Kaufland Daloon Samosas Mini-Teigecken mit exotischer Gemüsefüllung*)

- **Panierte Zwiebelringe** (*z.B. Real / Kaufland Onion Rings*)

- Alles zusammen 5-10 Min. in mit raffiniertem **Rapsöl** gefüllter Fritteuse bei 170°C frittieren (alternativ Backofen).

- Dazu eine **Zitrone** für die Zwiebelringe und **Sweet Chili Sauce** für die Frühlingsrollen, sowie **Salz** und **Pfeffer**.

Spätzle mit Röstzwiebeln

- 1 EL **Pinienkerne** in einer Pfanne ohne Fett rösten, herausnehmen.

- 2 **Zwiebeln** in Ringe schneiden, zusammen mit 1 Handvoll kleingeschnittener **Steinpilze** (getrocknete vorher einweichen, gefrorene auftauen) in **Rapsöl** anbraten, herausnehmen.

- 1 Packung (500 g) vegane **Spätzle** (🛒 *Supermarkt, Bioladen*) in **Rapsöl** anbraten.

- In einem kleinen Topf 200 ml **Wasser**, 1 EL **Mehl**, 3 EL **Hefeflocken** (🛒 *Bioladen)*, 1 TL **Senf**, **Salz** und **Pfeffer** sowie 1 TL **Gemüsebrühe-Pulver** aufkochen und währenddessen mit dem Schneebesen rühren. 1 Min. köcheln lassen, etwas **Petersilie** unterrühren.

- Unter die Spätzle mischen, kurz köcheln lassen, dann Zwiebeln mit Pilzen sowie Pinienkerne und 1 EL geriebene **Cashewkerne** darüber geben.

Gnocchi
in Champignon-Steinpilz-Soße

- 1 Portion **Gnocchi** *(ohne Ei! Bei Kartoffel-Trockenprodukten oder im Kühlregal)* nach Packungsanleitung garen.

- 1 kleine **Zwiebel** in Würfel schneiden.
- 150 g Bio-**Champignons** in dünne Scheiben schneiden.
- 1 Handvoll **getrocknete Steinpilze** 10 Min. einweichen.

- 1 EL **Schmelzmargarine** in eine Pfanne geben, Steinpilze aus dem Wasser nehmen und mit Zwiebel und Champignons anbraten.

- Einen Schuss **Sojdrink natur** hinzugeben, mit ½ TL gesiebter **Speisestärke** andicken.

- Mit 1 TL **Gemüsebrühe-Pulver** würzen und mit **Basilikum** garnieren.

Soße passt auch zu Nudeln!

Knuspriger Fenchel
mit Safranrisotto

- 1 **Zwiebel** und 1 **Knoblauchzehe** fein würfeln, in **Olivenöl** anschwitzen.
- 250 g **Risotto-Reis** dazugeben, glasig werden lassen.
- 50 ml **Weißwein** dazugießen, mit 1 Döschen (0,1 g) **Safran** sowie **Salz** und **Pfeffer** würzen.
- 450 ml **Wasser** und 1 TL **Gemüsebrühe-Pulver** dazugeben, ca. 20 Min. köcheln lassen.

- 1 **Fenchelknolle** in Scheiben schneiden, in **Olivenöl** anbraten.

- 1 EL **Haselnüsse**, 1 EL **Cashewkerne**, 1 EL **Sesam** und 1 EL **Pinienkerne** in einer Pfanne ohne Fett kurz rösten, 1 TL **Koriandersamen**, ½ TL **Kreuzkümmel** und 1 Msp. **Pfeffer** dazugeben.
- In einem Mixer zerkleinern, dann noch ½ TL **Salz** sowie 1 Msp. **Chili** hinzugeben.

- Fenchel aus der Pfanne nehmen, zuerst in **Mehl**, dann in der Nuss-Mischung wenden und nochmal kurz anbraten, dann mit dem Reis servieren.

Bunter Reis

- 250 g **Reis** nach Packungsanleitung kochen.

- 1 große rote **Spitzpaprika**, ½ **Zucchini** und 1 **Karotte** klein schneiden, in **Olivenöl** anbraten.

- 1 kleine Stange **Lauch** in Ringe schneiden, ebenfalls kurz mit anbraten.

- 1 **Knoblauchzehe** fein würfeln, kurz mitbraten.

- Mit **Salz** und **Pfeffer** würzen.

Ist der Reis fertig, in die Pfanne geben, durchmischen und noch kurz mitbraten.

Schopperla

- ½ Packung = 375 g **Knödelteig** *(Kühlregal)* mit 20 g **Speisestärke** verkneten, mit den Händen zu Schopperla (wie Schupfnudeln) formen.

- 2 EL **Schmelzmargarine** in einer großen Pfanne erhitzen, Schopperla von einer Seite braun anbraten, dann erst wenden. Rundherum braun werden lassen.

- 1 **Karotte** in Scheiben schneiden, in einer weiteren Pfanne in **Olivenöl** anbraten.

- 1 kleine Stange **Lauch** in Ringe schneiden, ebenfalls kurz mit anbraten.

- 100 ml **Sojadrink natur** zu den Schopperla geben, rasch ½ TL **Gemüsebrühe-Pulver** sowie 1 EL gesiebte **Speisestärke** dazugeben. (Wer es knuspriger mag, lässt diesen Schritt mit dem Sojadrink weg)

- Köcheln lassen, bis die Flüssigkeit aufgesogen wurde.

- Gemüse hinzugeben.

- Mit **Salz** und **Pfeffer** würzen.

Lasagne

- 10 **Lasagneplatten**, auch wenn ohne Vorkochen draufsteht, in heißem **Salzwasser** mindestens 15 Min. einweichen.

- 2 **Spitzpaprika**, 1 **Karotte**, ½ kleine **Zucchini,** 200 g Bio-**Champignons** halbieren und dann in Scheiben schneiden, 2 **Zwiebeln,** 1 Zehe **Knoblauch** würfeln, in der gleichen Reihenfolge alles zusammen in einer sehr großen Pfanne in **Olivenöl** anbraten.

- 1 Döschen (70 g) **Tomatenmark** unterrühren.

- Aus 2 **Dosen geschälter Tomaten im eigenen Saft** (à 400 g) die Tomaten herausfischen, auf einem Brett zerkleinern, mit dem Tomatensaft zu dem Gemüse geben. Die Dosen mit etwas Wasser ausspülen, Wasser ebenfalls in die Pfanne geben, so dass das ganze Gemüse bedeckt ist.

- Ca. 10 Min. köcheln lassen, bis die Konsistenz nicht mehr wässrig ist.

- Mit **Salz** und **Pfeffer** sowie **italienischer Gewürzmischung** würzen.

- Auflaufform mit **Öl** einfetten, Gemüse und Platten abwechselnd einschichten, mit einer dünnen Schicht Gemüse enden und etwas **Olivenöl** aufträufeln.

- Optional zum Darübergießen: 2 EL vegane **Margarine** (*Alsan*) in einem kleinen Topf schmelzen, mit einem Schneebesen 3 EL **Mehl** und dann 150 ml **Wasser** unterrühren, 3 EL **Hefeflocken** dazugeben, 1 Min. aufkochen, **salzen** und **pfeffern**.

- Bei 200°C (Ober-/Unterhitze) auf mittlerer Schiene im Ofen ca. 45 Min. garen.

Pfiffige Nudeln

- 1 Portion **Spaghetti** nach Packungsanweisung kochen.

- 1 **Zwiebel** würfeln, zusammen mit 2 Handvoll frischen **Pfifferlingen** in **Olivenöl** anbraten.

- 2 **Knoblauchzehen** würfeln, dazugeben, kurz mitbraten.

- Mit **Salz**, **Pfeffer** und einem Hauch **Chili** würzen, unter die Nudeln mischen.

Ratatouille aus dem Tontopf

- Den Tontopf (Unterteil + Deckel) einige Stunden in **Wasser** einweichen.

- 1 **Aubergine** in Scheiben schneiden, die Scheiben von beiden Seiten salzen. Nach 30 Min. abtupfen.

- 1 **Zucchini** in Scheiben, 2 **Spitzpaprika** in Stücke, 2 **Zwiebeln** und einen Bund **Frühlingszwiebeln** in Ringe schneiden, 2 **Knoblauchzehen** würfeln.

- Zusammen mit den Auberginen abwechselnd schichtweise in den abgetrockneten und unten mit **Olivenöl** eingefetteten Tontopf geben.
  Dabei jede Schicht mit **Kräutersalz**, **Pfeffer** und **Kräutern der Provence** würzen.

- 3 **Tomaten** mit heißem Wasser übergießen, dann häuten und achteln. Über das andere Gemüse geben.

- Den Deckel aufsetzen und bei 200°C (Ober-/Unterhitze) im Ofen ca. 70 Min. garen. Nach 35 Min. einmal umrühren.

Aglio e Olio
mit getrockneten Zutaten

Dieses Rezept erfordert Vorbereitung in Form von vorherigem Trocknen (z.B. auf Kachelofen/Heizung) von roter **Paprika** (z.B., wenn Paprika von anderem Gericht übrig ist), **Knoblauch** und **Zwiebeln**.
Dafür ist es in der Zubereitung dann fast so schnell und einfach wie ein Fertiggericht.

- 130 g **kleine Röhrchennudeln**
- 7 g gesiebte **Speisestärke**
- 5 g **Olivenöl**
- 4 g getrockneter, gehackter **Knoblauch**
- 4 g getrocknete, in kleine Würfel geschnittene **Spitzpaprika**
- 3 g **Salz**
- 3 g **Gemüsebrühe-Pulver**
- 3 g getrocknete, gehackte **Zwiebeln**
- 1 g **Zucker**
- 1 g **Chiliflocken**
- Getrocknete (z.B. italienische) **Kräuter**
- Etwas **Paprikapulver**
- Ein Spritzer **Zitronensaft**

Alle Zutaten (inkl. Nudeln) mit 500 ml **Wasser** in eine große Pfanne geben.
So lange kochen lassen (ca. 10 Min.), bis das Wasser aufgesogen wurde.

Zum Schluss nochmal 3 EL **Olivenöl** hineingeben und kurz braten lassen.

Schwammerler

1 Portion

- 1 **Zwiebel** würfeln.

- 3 Handvoll **Steinpilze** (🛒 *Wald, Wochenmarkt, notfalls tiefgekühlt aus dem Supermarkt)* grob zerkleinern.

- Zusammen in einer Pfanne mit etwas **Schmelzmargarine** anbraten.

- **Salzen** und **pfeffern**.

Dazu eine Semmel.

Gegrillte Gemüsespieße

Champignons, **Zucchini**, **Paprika**, **Zwiebeln**, **Karotten** und **Knoblauch** schneiden, in **Olivenöl** einlegen, mit **Salz**, **Pfeffer**, **Chili**, **Kreuzkümmel**, **Rosmarin**, **Thymian** würzen, ggf. aufspießen, grillen.
Im Winter in Alufolie packen und bei 170°C Umluft ca. 45 Min. im Ofen garen.

Nudeln mit Pesto

Nudeln kochen, abgießen, wieder in den Topf geben, einige TL **Pesto** (viele vegane Sorten v.a. im Bioladen), **Chili** und **Salz** unterrühren.

Oder Pesto selber machen: **Basilikum** (tiefgekühlt geht am schnellsten), geröstete **Pinienkerne**, **Knoblauch**, **Olivenöl** und **Salz** pürieren.

Avocadocreme

Fruchtfleisch einer **Avocado** mit 2 EL **Olivenöl**,
1 grob zerkleinerten **Knoblauchzehe** und 2 EL
Zitronensaft pürieren, mit **Chili**, **Salz**,
gemahlenem **Koriander** und **grünem
Pfeffer** würzen.

Schnittlauch-brot

Brot
Schnittlauch
vegane Margarine *(Alsan)*
Salz

(genauso mit Kresse)

Pikanter Aufstrich

1 **Knoblauchzehe**, 1 kleine **Spitzpaprika** und 2 **getrocknete Tomatenstücke** grob zerkleinern, zusammen mit 140 g **veganer Frischkäse-Alternative** (*z.B. Soyananda;*  *Bioladen*), 2 EL **Olivenöl** und 2 TL **Ajvar** pürieren, mit etwas **Basilikum** und **Schnittlauch** sowie **Salz** und **Pfeffer** würzen.

EXKURS: Spitzpaprika

Ich verwende in meinen Rezepten Spitzpaprika, weil sie meiner Meinung nach besser schmecken als die handelsüblichen „Block"paprika.

Leider sind sie nicht überall und teilweise nicht das ganze Jahr zu bekommen.

Daher am bestens selbst ziehen: Von gekauften Spitzpaprika die Kerne aufheben und trocknen.

Ende Februar die Kerne in Aussaaterde (Achtung, Dünger teilweise tierischen Ursprungs! Viele sind aber vegan, ggf. bei den Herstellern anfragen!) ca. 0,5 cm tief in Schalen säen, mit einer Haube oder Frischhaltefolie abdecken, an einen warmen Ort, z.B. vor die Heizung, stellen und stets leicht feucht halten.

Nach ca. 1 Woche, wenn sich das erste Grün zeigt, Haube abnehmen und so hell wie möglich an ein Fenster stellen. Erscheinen die ersten „richtigen" Blätter nach den Keimblättern, die Pflänzchen einzeln in kleine Töpfe mit Komposterde setzen.

Ende Mai in große mit Komposterde gefüllte Töpfe (mind. 20 cm Ø) nach draußen pflanzen. Die Ernte beginnt dann ab August. Überwintern klappt mit etwas Glück an einem hellen Fenster – übrigens: Blattläuse beißen nicht ;-) Funktioniert genauso z.B. mit Chili und Tomaten.

Nussecken

- **450 g Mehl** mit **2 gestrichenen TL Backpulver** mischen, **200 g Zucker**, **200 g** vegane **Margarine** *(Alsan)*, **2 Pck. Vanillinzucker**, **5 EL Wasser** und **2 gestrichene EL Sojamehl** hinzufügen, alles verkneten und zu einer Kugel formen.

- Auf einem mit Backpapier ausgelegten und zusätzlich gefetteten Blech ausrollen.

- **150 g** vegane **Margarine**, **150 g Zucker**, **2 Pck. Vanillinzucker** und **3 EL Wasser** in einem Topf unter Rühren schmelzen, **200 g gehobelte** und **100 g gemahlene Haselnüsse** unterrühren. Kurz auskühlen lassen.

- Nach Belieben etwas **Aprikosenmarmelade** auf dem Teig verteilen, anschließend den Nussbelag gleichmäßig darauf streichen. Das Backblech auf mittlerer Höhe in den vorgeheizten Ofen (160°C Ober-/Unterhitze) schieben und ca. 30 – 35 Min. backen.

- Gut auf dem Blech auskühlen lassen, dann in Dreiecke schneiden.

- **200 g dunkle Schokolade** in der Mikrowelle oder auf kleinster Stufe in einem Topf schmelzen, dabei ständig rühren. Nussecken-Spitzen eintauchen.

- **150 g Zucker**, **135 ml (= 120 g) Öl**,
  250 ml (= 255 g) Vanille-Sojadrink,
  1 EL Essig und **¼ Fläschchen Rum-Aroma** vermischen.

- **250 g Mehl** und **1 Pck. Backpulver** in einer anderen Schüssel
  vermischen, dann mit einem Schneebesen unter die flüssigen Zutaten
  heben, bis keine Klümpchen mehr zu sehen sind.

- Eine Hälfte des Teiges in eine weitere Schüssel füllen, **3 EL Kakao**
  und **3 EL Vanille-Sojadrink** in eine der beiden Schüsseln unterrühren.

- Den hellen bzw. dunklen Teig dann für einen Zebra-Kuchen abwechselnd
  schichtweise in eine mittelgroße bis kleine Form füllen. Für einen
  Marmorkuchen zuerst den ganzen hellen, dann den ganzen dunklen Teig.

- Im nicht (!) vorgeheizten Ofen bei 175 °C Umluft (!) auf der 2. Schiene
  von unten ca. 35 Min. backen.
- Mit einem Holzstäbchen nach 25 Min.
  testen, ob der Kuchen durch ist,
  also kein Teig mehr kleben bleibt.

- Abkühlen lassen, stürzen.

- In der Mikrowelle oder in einem Topf
  80 g dunkle Schokolade schmelzen
  und den Kuchen damit überziehen.

Zitronenkuchen

- **300 g Zucker**
- **270 ml (= 240 g) Öl** (z.B. Sonnenblumen- oder raffiniertes Rapsöl)
- **500 ml (= 510 g) Vanille-Sojadrink**
- **2 EL Essig**

mit einem Schneebesen vermischen.

- **500 g Mehl**
- **2 Pck. Backpulver**
- **abgeriebene Schale von 2 großen Bio-Zitronen**

in einer anderen Schüssel vermischen, dann unter die flüssigen
Zutaten heben, bis keine Klümpchen mehr zu sehen sind.

- Auf ein mit Backpapier belegtes und gefettetes Backblech
  streichen und im nicht (!) vorgeheizten Ofen bei 175 °C
  Umluft (!) auf der 2. Schiene von unten ca. 25 – 30 Min. backen.

- Abkühlen lassen, stürzen.

Glasur:
- **250 g Puderzucker**
- **7 EL Zitronensaft**

glattrühren, erwärmen und schnell auf den Kuchen streichen.

Torte to go

Teig:
- **75 g Zucker**
- **70 ml (= 60 g) Öl**
- **135 ml (= 140 g) Vanille-Sojadrink**
- **½ EL Essig**

> *mit einem Schneebesen vermischen.*

- **125 g Mehl**
- **2 TL Backpulver**
- **1 EL Kakao**

> *in einer anderen Schüssel vermischen, dann unter die flüssigen Zutaten heben, bis keine Klümpchen mehr zu sehen sind.*

- Auf ein mit Backpapier ausgelegtes Backblech geben und im nicht (!) vorgeheizten Ofen bei 175 °C Umluft (!) auf mittlerer Schiene ca. 13 Min. backen, dann mit **Rum** bepinseln und abkühlen lassen.

Creme:
- Für den Pudding (alternativ ist die Zubereitung auch mit ½ Packung Karamellpudding-Pulver nach Packungsanweisung möglich) von **250 ml (= 255 g) Vanille-Sojadrink** 3 EL abnehmen und mit **20 g Speisestärke** glattrühren.
- **30 g Zucker** in einem Topf schmelzen (karamellisieren), sobald er flüssig wird, den Sojadrink dazugießen (Vorsicht, spritzt!). Erwärmen und so lange rühren, bis der fest gewordene Zucker sich aufgelöst hat.
- Die Speisestärke-Mischung dazugießen und unter ständigem Rühren 1 Min. aufkochen, dann den Pudding erkalten lassen.
- **1 TL Kakao** und **1 EL Rum** in den Karamellpudding rühren.
- **100 g** vegane **Margarine** *(Alsan,* Zimmertemperatur!) mit **50 g Zucker** schaumig rühren, den Pudding (Zimmertemperatur!) esslöffelweise unterrühren.

- Auf die eine Hälfte des Teiges streichen, dann die andere Hälfte darauflegen.
- In Stücke schneiden, mit **250 g** geschmolzene**r dunkler Schokolade** überziehen und mit geschmolzener **weißer Schokolade** (z.B. *ichoc*) **dekorieren.**

Lebkuchen

- **2 Portionen aufgeschlagenen Ei-Ersatz** *(z.B. 3Pauly mit Wasser;* 🛒 *Reformhaus)*
- **300 g Zuckerrübensirup**
- **150 g Zucker**
- **250 g** vegane **Margarine** *(Alsan)*
- **20 ml Wasser**

schaumig schlagen.

- **60 g** gehackte **Haselnüsse**
- **60 g** gemahlene **Mandeln**

in einer Pfanne ohne Fett rösten, dann zusammen mit:

- **500 g (Dinkel-)Vollkorn-Mehl**
- **320 g Weichweizen-Grieß**
- **5 TL Backpulver**
- **2 Prisen Salz**
- geriebener **Schale einer Bio-Zitrone**
- geriebener **Schale einer halben Bio-Orange**
- **5 g Zimt**
- **1 g** gemahlenem **Koriander**
- **1 g** gemahlener **Muskatnuss**
- **2 g** gemahlener **Nelken**
- **20** zerstoßenen **Fenchelsamen**
- **1 g** gemahlenem **Ingwer**
- **2 g** gemahlenem **Kardamom**
- **1 g** gemahlenem **Anis**

mischen und dann mit Zuckermasse verkneten.

- Masse zu kleinen Kugeln formen, auf **Backoblaten** setzen und flachdrücken. Auf einem mit Backpapier ausgelegten Backblech verteilen und im vorgeheizten Backofen bei 200°C (Ober-/Unterhitze) ca. 13 Min. backen.

- **3 Tafeln dunkle Schokolade** bei kleiner Hitze in einem Topf oder Mikrowelle schmelzen, einen Klecks auf jeden Lebkuchen geben und mit einem Föhn verteilen.

- In einer dicht verschließbaren, möglichst kleinen Blechdose aufbewahren.

Weiße Torte

Boden:

- **150 g Zucker, 135 ml (= 120 g) Öl, 250 ml (= 255 g) Vanille-Sojadrink** und **1 EL Essig** vermischen.

- **250 g Mehl** und **1 Pck. Backpulver** in einer anderen Schüssel vermischen, dann unter die flüssigen Zutaten mit einem Schneebesen heben, bis keine Klümpchen mehr zu sehen sind.

- Den Teig in eine Springform (26 cm) füllen und im nicht (!) vorgeheizten Ofen bei 180°C Umluft (!) auf der 2. Schiene von unten ca. 30 Min. backen.

- Den Boden gut auskühlen lassen, dann aus der Form nehmen und einmal quer durchschneiden. Backpapier zwischen die Böden schieben und den oberen Boden damit abheben.

- Die umgedrehte Springform über den unteren Boden stülpen.

Creme:

- **500 ml Vanille-Joghurtalternative** (*Alpro*) in einem Küchentuch abtropfen lassen.

- Am nächsten Tag Saft und abgeriebene Schale einer **Bio-Zitrone** unterheben.

- **500 g** gekühlte **Soja-Schlagcreme** *(Soyatoo)* auf höchster Stufe schlagen, dabei **2 Pck. Sahnesteif** einrieseln lassen.

- **1½ gestr. TL Agar-Agar** (🛒 *Bioladen;* oder 2 Beutel *Ruf „Agartine";* 🛒 *Supermarkt)* mit **400 ml Wasser** 2 Min. aufkochen. Etwas abkühlen lassen (handwarm), dann das Joghurtalternativen-Gemisch und die geschlagene Schlagcreme unterheben.

- Die Creme auf den Tortenboden streichen, mind. 2 Std. kühlen, dann den zweiten Boden darauf geben und mit Puderzucker bestäuben.

- **150 g Zucker**
- **135 ml (= 120 g) Öl**
- **250 ml (= 255 g) Vanille-Sojadrink**
- **1 EL Essig**
- **2 Tropfen Bittermandel-Aroma**

mit einem Schneebesen vermischen.

- **250 g Mehl**
- **1 Pck. Backpulver**
- **120 g** gemahlene **Mandeln**

in einer anderen Schüssel vermischen, dann mit dem Schneebesen unter die flüssigen Zutaten heben, bis keine Klümpchen mehr zu sehen sind.

- Eine Osterlamm-Form gut einfetten und bemehlen, Teig bis ca. 3 cm unter den Rand einfüllen (je nach Größe der Form bleibt evtl. noch etwas Teig für Muffins übrig) und im nicht (!) vorgeheizten Ofen bei 175 °C Umluft (!) auf der 2. Schiene von unten ca. 35 — 45 Min. backen. Mit einem Holzstäbchen nach 30 Min. testen, ob der Kuchen schon durch ist.

- Abkühlen lassen, stürzen und mit **Puder-zucker** bestäuben, für einen Elch mit **Kakao** :-)

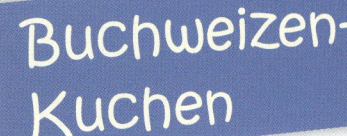

Buchweizen-Kuchen

- **150 g Zucker**
- **135 ml (= 120 g) Öl**
- **250 ml (= 255 g) Vanille-Sojadrink**
- **1 EL Essig**

mit einem Schneebesen vermischen.

- **250 g Buchweizen** (🛒 *Bioladen* – ganzes Korn, kein Mehl!)

im Mixer zu grobem Mehl mahlen, mit

- **50 g – 100 g Mehl** (anders als bei den restlichen Rezepten ist hier Fingerspitzengefühl gefragt. Je nachdem, wie grob oder fein der Buchweizen gemahlen wurde, muss mehr oder weniger normales Mehl hinzugegeben werden. Die Konsistenz nach dem Mischen mit den flüssigen Zutaten sollte einem normalen Kuchenteig analog den anderen Rezepten entsprechen. Erstmal 50 g nehmen, dann ggf. noch etwas unterrühren.)
- **1 Pck. Backpulver**
- **40 g geraspelte dunkle Schokolade**

in einer anderen Schüssel vermischen, dann unter die flüssigen Zutaten heben.

- In eine mittelgroße bis kleine Form füllen und im nicht (!) vorgeheizten Ofen bei 175 °C Umluft (!) auf der 2. Schiene von unten ca. 30 – 35 Min. backen. Mit einem Holzstäbchen nach 25 Min. testen, ob der Kuchen schon durch ist, also kein Teig mehr kleben bleibt.

- Abkühlen lassen, stürzen.

- **80 g dunkle Schokolade** in der Mikrowelle oder in einem Topf auf kleinster Stufe schmelzen und den Kuchen damit überziehen.

Donauwellen

Teig:

- **300 g Zucker**
- **270 ml (= 240 g) Öl**
- **500 ml (= 510 g) Vanille-Sojadrink**
- **2 EL Essig**

mit einem Schneebesen vermischen.

- **500 g Mehl**
- **2 Pck. Backpulver**

in einer anderen Schüssel vermischen, dann unter die flüssigen Zutaten heben, bis keine Klümpchen mehr zu sehen sind.

- Die Hälfte des Teiges auf ein mit Backpapier ausgelegtes Backblech mit hohem Rand streichen, zur anderen Hälfte
- **3 EL Kakao** und **3 EL Vanille-Sojadrink** unterrühren, auf den hellen Teig streichen. (Wer **Kirschen** im Teig mag, kann jetzt welche drauf verteilen)
- Im nicht (!) vorgeheizten Ofen bei 175 °C Umluft (!) auf mittlerer Schiene ca. 25 – 30 Min. backen, dann gut abkühlen lassen.

Creme:

- Vanillepudding aus **1 Pck. Vanillepudding-Pulver** *(Eigenmarken meist vegan)*, **500 ml (= 510 g) Vanille-Sojadrink** und **3 EL Zucker** nach Packungsanweisung zubereiten, erkalten lassen, dabei immer mal wieder umrühren.
- **200 g** vegane **Margarine** *(Alsan*, Zimmertemperatur!) mit **100 g Zucker** schaumig rühren, den Vanillepudding (Zimmertemperatur!) esslöffelweise unterrühren.
- Auf den Kuchen streichen und mit veganen **Keksen** (z.B. *Stereo Original Belgisches Karamell-Gebäck;* 🛒 *Kaufland*), die vorher mit der Unterseite in **Rum** getaucht wurden, belegen.

- **200 g dunkle Schokolade** in Mikrowelle oder Topf langsam schmelzen, über die Kekse streichen.
- Vor dem Verzehr einen Tag durchziehen lassen.

Mohnstrudel

Hefeteig:

- **135 ml (= 140 g) Vanille-Sojadrink** in einem Topf lauwarm erwärmen, **18 g frische Hefe** und **50 g Zucker** unterrühren.
- In eine Schüssel **250 g Mehl, 50 g** vegane **Margarine** *(Alsan)*, **5 Tropfen Zitronenaroma**, **10 Tropfen Rum-Aroma**, **1 Pck. Vanillinzucker** und **1 Prise Salz** geben, die Hefelösung dazugießen und alles verkneten.
- Mit einem Tuch abdecken und an einem warmen, zugfreien Ort ca. 1 Std. gehen lassen. Hat der Teig in etwa doppeltes Volumen erreicht, nochmal mit den Händen durchkneten und auf einer bemehlten Arbeitsfläche ausrollen.

Füllung:

- **250 ml (= 255 g) Vanille-Sojadrink** mit **150 g Zucker** und **2 Pck. Vanillinzucker** aufkochen, **250 g gemahlenen Mohn** (z.B. *EDEKA Dampfmohn*, alternativ ganzen Mohn im Mixer fein mahlen) unter ständigem Rühren zufügen. Bei schwacher Hitze kurz ziehen lassen.
- **1½ TL Speisestärke** in etwas **Wasser** auflösen, unter die Mohnmischung heben und unter Rühren einmal aufkochen. Etwas abkühlen lassen und auf den Hefeteig streichen, dann das Ganze zu einer Rolle formen.

Streusel:

- **150 g Mehl**, **6 EL Zucker**, **80 g** vegane **Margarine** mit den Knethaken der Küchenmaschine verkneten, kurz mit den Händen zu einer Kugel kneten, dann wieder mit der Küchenmaschine trennen. Auf den Teig streuen.

Bei 185°C (Ober-/Unterhitze) ca. 30 Min. backen.

Nach Belieben noch mit einem Puderzucker-Wasser-Guss übergießen.

Apfelkuchen mit Zimtstreuseln

- **750 g Äpfel** (= Gewicht NACH Entkernen und Schälen!) vierteln, entkernen, schälen und in dünne Scheiben schneiden.

Teig:

- **200 g Mehl**, **2 EL Zucker**, **1 Pck. Vanillinzucker**, **1 Msp. Backpulver** mischen.
- **125 g** vegane **Margarine** *(Alsan)* in Stückchen schneiden, mit **60 ml Wasser** und der Mehlmischung glatt verkneten.
- Teig in Folie gewickelt ca. 1 Std. kalt stellen.

Streusel:

- **150 g Mehl**, **6 EL Zucker**, **2 TL Zimt** und **80 g** vegane **Margarine** zu Streuseln verkneten (wer das mit der Küchenmaschine macht, zwischendurch per Hand eingreifen und den Teig verkneten, dann nochmal kurz mit den Knethaken bearbeiten).

- Teig in eine gefettete, mit Mehl ausgestäubte Springform (26 cm) geben, in der Form ausrollen und ca. 5 cm am Rand der Form hoch andrücken.
- Den Boden mit einer Gabel mehrmals einstechen, die Äpfel auf dem Teigboden verteilen.
- **2 EL Apfelmus** erhitzen und Äpfel damit bestreichen.
- Zimt-Streusel darauf streuen.

- Im vorgeheizten Backofen bei 200°C (Ober-/Unterhitze) auf unterer Schiene ca. 40 Min. backen.

Igelkuchen

- **150 g Zucker**
- **135 ml (= 120 g) Öl**
- **255 ml (= 260 g) Vanille-Sojadrink**
- **1 EL Essig**

mit einem Schneebesen vermischen.

- **250 g Mehl**
- **1 Pck. Backpulver**
- **100 g** gemahlene **Mandeln**
- **130 g** geriebene **dunkle Schokolade**

in einer anderen Schüssel vermischen, dann mit dem Schneebesen unter die flüssigen Zutaten heben.

- Eine mittelgroße Form einfetten, Teig einfüllen und im nicht (!) vorgeheizten Ofen bei 175 °C Umluft (!) auf der 2. Schiene von unten ca. 40 – 50 Min. backen.
  Mit einem Holzstäbchen nach 35 Min. testen, ob der Kuchen schon durch ist.

- Abkühlen lassen, stürzen, mit **80 g dunkler Schokolade** überziehen und mit **Mandelstiften** dekorieren.

Boden:

- **150 g Zucker**, **135 ml (= 120 g) Öl**, **250 ml (= 255 g) Vanille-Sojadrink** und **1 EL Essig** vermischen.
- **250 g Mehl** und **1 Pck. Backpulver** in einer anderen Schüssel vermischen, dann unter die flüssigen Zutaten mit einem Schneebesen heben, bis keine Klümpchen mehr zu sehen sind.
- Den Teig in eine Springform (26 cm) füllen und im nicht (!) vorgeheizten Ofen bei 180°C Umluft (!) auf der 2. Schiene von unten ca. 30 Min. backen.
- Den Boden gut auskühlen lassen, dann aus der Form nehmen und zweimal (das geht tatsächlich!) mit einem langen Messer quer durchschneiden. Backpapier zwischen die Böden schieben und die oberen Böden damit abheben.

Creme:

- **2 Tafeln dunkle Schokolade** in einem Topf bei kleiner Hitze oder in der Mikrowelle schmelzen.
- **2½ TL Kakao** mit **etwas Vanille-Sojadrink** anrühren, so dass ein dünnflüssiger Brei entsteht.
- Zu der geschmolzenen Schokolade geben, außerdem **200 ml (= 205 g) Vanille-Sojadrink**, **65 g Zucker** und **1 Pck. Vanillinzucker** sowie **eine Prise Salz** unterrühren und 5 Min. kalt stellen.
- **3 Pck. (= 900 ml)** gekühlte **Soja-Schlagcreme** *(Soyatoo)* auf höchster Stufe schlagen, dabei **3 Pck. Sahnesteif** einrieseln lassen.
- Dann die gekühlte Schokocreme in die geschlagene Soja-Schlagcreme rühren.

- Die Creme auf die Tortenböden streichen, auch ganz oben und an der Seite. Wer mag, kann mit einem Löffel noch Wellen ziehen und mit **geraspelter dunkler Schokolade** dekorieren.

Teig für 1 Kuchen (entweder mit Grieß- oder Mohnschmier)

- **18 g frische Hefe** und **50 g Zucker** in **70 ml (= 70 g)** lauwarmen **Vanille-Sojadrink** einrühren.
- In einer anderen Schüssel **250 g Mehl, 60 g** vegane **Margarine** *(Alsan)***, 1 Pck. Vanillinzucker**, **1 Prise Salz**, **1 Spritzer Zitronensaft**, **¼ Fläschchen Rum-Aroma** verkneten, die Hefemischung dazugießen und zu einem glatten Teig verarbeiten.
- Mit einem Tuch abdecken und an einem warmen, zugfreien Ort (z.B. neben dem Ofen während der Zubereitung des Belags) gehen lassen.
- Hat der Teig doppeltes Volumen erreicht (ca. 1 Std.), nochmal gründlich per Hand durchkneten und auf einem Backblech mit Backpapier ausrollen.

Grießschmier (gelb)

- **570 ml (= 590 g) Vanille-Sojadrink** mit **110 g** veganer **Margarine** in einem Topf zum Kochen bringen.
- **110 g Zucker** und **75 g Weichweizen-Grieß** einrühren, ca. 1 Min. kochen lassen, dann auf ausgeschalteter Herdplatte den Grießbrei ausquellen lassen.
- **½ Döschen Safran** mit etwas **Vanille-Sojadrink** anrühren, zusammen mit **1 Prise Salz**, **1 Spritzer Zitronensaft**, **1 Schuss Arrak-Aroma** und **4 Tropfen Butter-Vanille-Aroma** in den Grießbrei rühren und etwas auskühlen lassen.
- Auf den vorbereiteten Teig streichen, dabei einen kleinen Rand lassen und **Rosinen** darüber streuen.
- Nochmals mit einem Tuch zudecken und ca. 15 Min. gehen lassen.
- Bei 200°C (Ober-/Unterhitze) ca. 30 Min. backen, direkt danach mit etwas **braunem Zucker** bestreuen.

Mohnschmier

- **500 ml (= 510 g) Vanille-Sojadrink** mit **300 g Zucker** und **3 Pck. Vanillinzucker** aufkochen.
- **500 g gemahlenen Mohn** (z.B. *EDEKA Dampfmohn*, alternativ ganzen Mohn im Mixer fein mahlen) unter ständigem Rühren zufügen. Bei schwacher Hitze kurz ziehen lassen.
- **2 TL Speisestärke** mit etwas **Wasser** verrühren, unter die Mohn-Mischung heben, unter Rühren einmal aufkochen, etwas abkühlen lassen.
- Auf den ausgerollten Hefeteig streichen, dabei einen kleinen Rand lassen.

Streusel:

- **40 g Zucker**, **40 g** vegane **Margarine** und **75 g Mehl** verkneten, mit den Händen zu einer Kugel formen, dann mit der Küchenmaschine trennen. Über die Mohnschmier streuen.
- Nochmals mit einem Tuch zudecken und ca. 15 Min. gehen lassen.

- Bei 200°C (Ober-/Unterhitze) ca. 30 Min. backen.

VEGANE PRODUKTE

Da viele vegane Produkte im Handel leider ungenießbar sind, hier ein kleiner Einkaufsratgeber mit meinen persönlichen (unbezahlten!!!) Empfehlungen von veganen Produkten, die wirklich schmecken. Die Einkaufsorte sind jeweils nur beispielhaft, vieles gibt es fast überall.

Achtung: Die Rezepturen der vorgestellten Produkte können sich jederzeit ändern! Die meisten Hersteller produzieren nicht eigens vegane Produkte, diese sind oft nur „zufällig vegan", können also auch Spuren von tierischen Produkten enthalten, die im Produktionsprozess versehentlich hineingelangt sein können.

„Wurst" & Co.

Fertiggerichte

Maggi Das Original — Gebratene **Würze-Nudeln** — Das gewisse Tröpfchen Etwas — 2 PORTIONEN

ALNATURA — Gemüse Ravioli — Raviolis aux légumes — vegetarisch/végétarien — BIO7 INITIATIVE www.alnatura-bio7.com l'agriculture biologique

Maggi® **Ravioli** Gemüse — ohne Fleisch

🛒 dm, alnatura-shop.de

Carat — Bechergericht — **Nudeln in Tomatensauce** — 5 mins — 59 g

Maggi — Sauce zu **Sauer-braten** — 2er PACK

Maggi — Sauce zu **Braten** — 3er PACK

🛒 **Netto** Marken-Discount

z.B. zu Knödeln

83

Frühstück

🛒 überall im Kühlregal (tlw. andere Marken)

Alpro Sojadrink Choco + Wasser

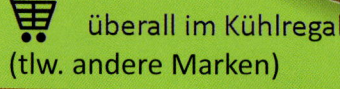

 Kaufland

... oder einfach Brötchen / Vollkorntoast mit Alsan + Marmelade

🛒 Statt Honig **Reformhaus / Supermarkt**

Milch-Alternativen

butterähnliche Margarine
Kühlregal **Supermarkt/Bioladen**

EDEKA, Real...
evtl. mit Wasser mischen,
da sehr süß. Vanille nehme
ich zum Backen, „Original"
(zum Kochen)

**Kaufland,
alles-vegetarisch.de**

**Bioladen,
alles-vegetarisch.de**

EDEKA, Real...
(Je nach Markt unter-
schiedliche Sorten)

VALSOIA
BONTA' e SALUTE
il Gelato
4 Nusshörnchen
Laktosefrei
100% PFLANZLICH

EIS

VALSOIA
BONTA' e SALUTE
il Gelato
3 Premium Eis
...frei
Glutenfrei
100% PFLANZLICH

🛒 **EDEKA** (in großen Märkten in Südbayern, Südwest, Nordwest, West, S.-Anhalt,Berlin/BB), **Real** (manche Regionen), **Globus**

MADE WITH LUVE
VANILLE FÜR ALLE!

🛒 **Real**

BIOVEGAN
Eis-Traum
Schokolade

🛒 **Bioladen, Internet**

Das Eis.
CHOCO Cookie Dough
EXTRAVEGANZA

🛒 **Bioladen**

SOYATOO!
Soy Whip
Soya Spray Cream
100% vegetal
0% lactose · 11% fat
Vegan

🛒 **Kaufland, EDEKA**

SANTE
NATURKOSMETIK
Vitamin B12
CARE FOR YOU AND THE WORLD
DENTAL MED
ZAHNCREME VITAMIN B12
BIO

Und nach dem Essen:
Vitamin B12-Zahncreme
🛒 **Bioladen, alles-vegetarisch.c**

86

Süßes

Winterträum Lübecker Edel Marzipan

LÜBECKER EDEL MARZIPAN
LÜBECKER EDEL MARZIPAN
LÜBECKER EDEL MARZIPAN
LÜBECKER EDEL MARZIPAN

CHOCO *Swiss Chocolate*
EDELBITTER SCHOKOLADE
EXTRA FEINSCHMELZEND
81%

iChoc FEEL FREE
WHITE VANILLA
- VEGAN -
WEISSE RICE CHOC
MIT BOURBON VANILLE

iChoc FEEL FREE
CHOCO COOKIE
- VEGAN -
RICE CHOC
MIT KAKAOKEKS

hitschler
brizzl
UFOs
sauer fruchtig

🛒 **Netto**
Marken-Discount
(auch sehr gut
als Kuchen-Kuvertüre)

🛒 **dm, Bioladen**

🛒 **ALDI Süd**
(Sept.-Dez.)

ALNATURA SÉLECTION
BIO NATUR QUALITÄT
Trüffel
Zartbitter
Truffes Chocolat noir
fein-schokoladig
aus Belgien / de Belgique

hitschler
veggie
Monster
100% Veggie

Trolli
Bizzl Mix
TOTAL SAUER
PRICKELT UND ERFRISCHT
℮ 1000g
VEGAN

🛒 **dm**

🛒 **Kaufland**

87

🛒 dm, Veganz,
shop.veganz.de

viele Kaugummis
sind vegan, manche
enthalten aber auch
Gelatine

Pistazien haben
einen hohen
Eisengehalt;
zusammen mit
Vitamin C
konsumieren!

🛒 Netto
Marken-Discount

Urlaub

Für den Urlaub empfiehlt sich eine Ferienwohnung, wo man selbst kochen kann, um nicht ständig nach veganem Essen fragen zu müssen.

Es soll auch Menschen geben, die mit Induktions-Kochplatte und Toaster verreisen ...

Frühstück: Sojadrink, Toast, Alsan, Marmelade o.Ä.

Abends: vorgekochtes Essen (z.B. gebratene Nudeln, Nudeln mit Tomatensoße), das in einer elektrischen Kühlbox für Auto und Steckdose transportiert wurde. Und ein paar Fertiggerichte.

Für unterwegs Brot und vegane „Wurst".

Ansonsten:
- **Pommes** gibt es fast überall, auch die von Fastfood-Ketten sind vegan, teilweise gibt es auch panierte Onion Rings oder panierte „Kringel" - Pommes
- **Pizza** ohne Käse ist oft auch vegan
- **Nudelgerichte** sind schwierig, weil oft selbst der Koch nicht weiß, ob mit oder ohne Ei
- Mit dem Wunsch nach einer **Gemüsepfanne** ohne Ei- und Milchbestandteile können die meisten Restaurants zumindest etwas anfangen
- **Vapiano** (in größeren Städten): Die hausgemachte Pasta und der Pizzateig sind vegan, was man dazu möchte, sucht man selbst aus — lecker z.B. Aglio e Olio und Penne Arrabiata

Die Autorin

- seit über 7 Jahren vegan
- rein aus Tierschutzgründen, insbesondere wegen der Zustände in der Tierhaltung (letztlich ausschlaggebend war ein Tag der offenen Stalltür)
- 30 Jahre alt
- kocht nicht sonderlich gern, ist viel lieber draußen in der Natur
- Mag keinen Salat (hält sie seit frühester Kindheit für Hasenfutter), keine Gurken, keine rohen Tomaten, keine Bananen, keine Suppe, keinen Brokkoli, keine Bohnen, keine Birnen, keine Aprikosen, keine Ananas, Äpfel nur vom eigenen Baum im Garten...

Wer mehr über die guten Gründe für eine vegane Ernährung, insbesondere die Lebensumstände von „Nutztieren" erfahren möchte, dem empfehle ich die Albert Schweitzer Stiftung für unsere Mitwelt, an die auch das gesamte Autorenhonorar diese Büchleins gespendet wird: *www.albert-schweitzer-stiftung.de*

Die Autorin mag keinen Salat, lebt aber seit vielen Jahren vegan.
Wie das geht? Steht hier drin!
Endlich ein veganes Koch- und Backbuch mit Rezepten, die auch schmecken!

- ## Hauptgerichte
- ## Kuchen
- ## Torten

Rezepte mit Top-Bewertungen — u.a. zwei Kuchen mit den ersten beiden Plätzen von über 800 veganen Kuchen-Rezepten im Internet!

- Alles **lecker!**
- **Schnell + alltagstauglich**: nicht mehr lange in der Küche stehen!
- Produktteil mit **unabhängigen** Empfehlungen von **veganen Produkten**

Das Autorenhonorar für dieses Buch wird für den Tierschutz an die Albert Schweitzer Stiftung für unsere Mitwelt gespendet!

Albert Schweitzer Stiftung für unsere Mitwelt

BUCH- UND KUNSTVERLAG OBERPFALZ

ISBN 978-3-95587-038-6

9 783955 870386